**COUVERTURE SUPÉRIEURE ET INFÉRIEURE
EN COULEUR**

IMPORTATION ABUSIVE EN AFRIQUE

PAR DES SUJETS ANGLAIS

D'ARMES PERFECTIONNÉES

— ■ —

PROTESTATION

PRÉSENTÉE AU

GOUVERNEMENT PORTUGAIS

PAR LA

SOCIÉTÉ DE GÉOGRAPHIE DE LISBONNE

(TRADUCTION)

LISBONNE
TYPOGRAPHIE PORTUGAISE
Calçada do Combro
1889

La Société de Géographie de Lisbonne ne pouvait rester étrangère aux évènements survenus dans l'Afrique Orientale. Elle les a suivis avec l'attention soutenue et l'intérêt particulier que nous devons à notre mission sociale ainsi qu' à l'honorable encouragement reçu do Gouvernement et du Pays. Elle vient donc aujourd'hui, monsieur le ministre, déposer entre vos mains la manifestation de tous ses regrets et exprimer ses protestations à propos d'un fait qu'elle considère tout-à-fait offensif et attentatoire aux principes d'humanité, de civilisation et de droit qui doivent régler l'influence, l'action et les rapports des nations civilisées en Afrique, soit entre elles, soit avec les peuples indigènes. Le fait dont il est question est d'autant plus grave qu'il implique la violation d'un accord international, au quel le Portugal avait loyalement adhéré.

Comme vous le savez, monsieur le ministre, la nouvelle de l'existence d'importants filons aurifères au nord de Limpopo, les avantages et les bénéfices qu' obtiennent sur certains marchés les concessions directement et facilement arrachées par d'habiles aventuriers à l'ingénuité sauvage des chefs (régulos) des tribus africaines attirèrent bon nombre de voyageurs et d'explorateurs au pays dit des Matabelles.

Plusieurs d'entre eux parvinrent même, en 1887, à obtenir du principal chef de cette tribu,—Lobengula,—un contrat leur accordant le privilège d'exploitation exclusive des mines d'or situées non seulement dans son pays ou sous sa domination, mais même sur les territoires adjacents. Ce que Lobengula devait recevoir en echange de cette étrange concession, personne ne le sut pendant longtemps. On disait seulement que le prix en était fixé à une certaine somme payable annuellement, mais que l'effectivité de la concession restait dépendante de la livraison au chef (regulo) d'une certaine quantité d'armes et de munitions de guerre. Le bruit de cette dernière clause se répandit alors dans le Transwaal et à la colonie anglaise du Cap, mais ce n'est que fort récemment, en août dernier, que, par suite d'une discussion suscitée au Parlement du Cap, on acquit la certitude du fait, auquel refusaient d'ajouter foi les personnes sensées et consciencieuses, intéressées dans les questions africaines.

Mr. Merriman, membre de ce parlement, interpellant le gouvernement respectif, lui exposa que les concessionnaires des mines de Matabellandie avaient envoyé à Lobengula 1:000 fusils Martini Henry avec leurs bayonnettes et 3oo:ooo cartouches, et que ces armes avaient transité sur la colonie du Cap, en dépit des lois spéciales qui y règlent l'importation des armes et des munitions de guerre.

La première réponse do président du conseil, Sir Gordon Sprigg, au député interpellant, démontre clairement que le ministre ne croyait pas au fait signalé. Il promit toutefois de prendre des renseignements immédiats, et le lendemain, il déclara à la chambre que l'assertion était fondée. Il raconta en détail comment l'affaire s'était passée, s'étant vu forcé de blâmer la conduite d'un des plus hauts fonctionnaires de la colonie, lequel, sachant que les armes avaient été introduites dans le pays, n'en avait pas informé le gouvernement colonial. La vérité est que du mois de Janvier au mois de Mars de l'année courante, 1:000 fusils Martini Henry et 3oo:ooo cartouches, avaient trans͏͏ par la colonie du Cap. Ils avaient été dédouanés et expédies par les agents des concessionnaires des mines de Matabellandie. Les autorités de la colonie, hésitantes au début, consentirent à la fin, à ce que l'expédition sortît de Kinberley pour passer la frontière, en présence d'une réquisition autorisée par Sir Sidney Shippart, administrateur de la Betchuanalandie britannique, fonctionnaire et représentant du propre gouvernement anglais de la métropole, et uniquement responsable de ses actes vis-à-vis de ce même gouvernement!

La discussion précitée et celle qui la suivit dans la presse ne laissèrent pas le moindre doute de ce que les 1:000 fusils et les 3oo:ooo cartouches en question, avaient réellement été envoyés au pays des Matabelles et livrés à Lobengula. Les Matabelles sont regardés par les voyageurs les mieux autorisés comme la tribu la plus guerrière, la plus barbare et la plus sanguinaire de toutes celles qui séjournent dans l'Afrique sud-orientale. Cette tribu n'est pas originaire de la région qu'elle occupe et dont elle s'empara en exterminant les peuplades qui l'habitaient, lorsqu'en 1837, le fameux Muzilikatse, mis en fuite par les boers, franchit le Limpopo et alla s'y établir avec ses zoulous. Successeur de ce chef, Lobengula, continua les traditions guerrières et tyranniques de sa race, envahissant et ravageant les territoire et les peuplades voisines, pillant ces dernières, les réduisant à l'esclavage, semant partout au loin la terreur et la mort, ...

Les principales victimes de ces violences ont été les indigènes de Mashona qui habitent vers le nord. Ce peuple pacifique et industrieux, qui maintient depuis longtemps des relations d'amitié et de vasselage avec les autorités et les colons portugais du côté du Zambèze, est cruellement persécuté et opiniâtrement assailli par les Matabelles qui cherchent à le soumettre et à l'anéantir sans avoir pu jusqu'à ce jour y parvenir complètement.

La cruauté des Matabelles a été récemment mise en relief par l'évêque de Bloemfontein, autorité à l'abri du moindre soupçon. De retour en 1888 d'un voyage qu'il fit dans ce pays, le noble prélat, encore sous l'impression des barbaries qu'il avait vu commettre, proféra, dans une réunion publique à Vrigburg, ville de la Bechuanalandie britannique, les paroles suivantes que mr. Merriman cite dans un de ces discours parlementaires:

—«Une chose que je ne ferais pour rien au monde, ce serait de donner un fusil à Lobengula, alors même qu'il me le demanderait. *J'aimerais mieux sacrifier toute mon expédition que de fournir des armes à feu à un matabelle, car il faut que tout le monde sache que ces fusils seraient employés dans l'assassinat des gens innocents et inoffensifs. L'homme qui pratiquerait une semblable action le regretterait amèrement en ce monde et dans l'autre.»*

«La fourniture d'armes aux Matabelles est un acte tellement abominable que nulle brutalité diabolique ne saurait le surpasser.»

Cette opinion d'un ecclésiastique vénérable et autorisé, quoique connue de tout le monde, n'a pu prévaloir contre l'intérêt et l'avidité mercantile, ni éviter qu'une compagnie

anglaise confiât aux mains d'un peuple barbare et sanguinaire des armes perfectionnées pouvant le mettre à même
d'asservir et de détruire plus facilement et en toute sécurité
les peuplades pacifiques qui l'entourent.

Mais il y a plus. Une telle manière d'agir rencontra des
indifférents et même des défenseurs, dans un pays, où cer-
taines institutions et plusieurs journaux continuaient de toutes leurs forces, au mépris de la vérité et de la justice, à ac-
cuser le Portugal d'asservir et de maltraiter les indigènes!

A quoi pouvaient servir à Lobengula ces armes et ces
munitions?

Non certainement pour les conserver dans les caisses où
elles avaient été transportées àtravers les deux colonies britanniques, ni pour les admirer comme d'inoffensifs objets
d'art.

Plusieurs journaux anglais avouent que ce dangereux et
formidable équipement va être utilisé par les Matabelles pour
achever la conquête des territoires de Mashona, *riches en mines*, et pour précipiter la soumission de leurs malheureux
habitants, lesquels, quoique désignés sur les cartes anglaises
par l'extravagante légende: *«slaves of matabelles»*, n'ont pu
encore, par le simple emploi du javelot et de la zagaie, être
entièrement réduits en servitude, ou eliminés de la face de
l'Afrique.

Il est à croire que l'orgueilleux *regulo* vondra justifier par
le fer et par le feu, ses prétentions, déjà adoptées et répro-
duites par la diplomatie britannique, mais parfaitement erro-
nées et dementies par plus d'une autorité compétente, prétentions tendant à établir que le *territoire des Mashona appar-
tient incontestablement au pays gouverné par Lobengula*.

Or le Mashona fait traditionnellement partie non point des territoires occupés par les Matabelles, *mais de ceux qui ont toujours été regardés comme compris sous l'influence et le droit de la souveraineté portugaise*, circonstance que le gouvernement portugais vient justement de revendiquer par l'organisation définitive du district de Zumbo.

Ces armes pouvaient encore en partie, avoir une autre application, susceptible d'attirer l'attention dans les circonstances actuelles que nous traversons, et en présence de l'accord international en vigueur. C'était leur vente et leur exportation dans les régions du nord, où les arabes qui s'y livrent à la traite auraient acheté à haut prix des fusils et des munitions que le blocus de la côte ne laisse pas pénétrer de ce côté. Cette hypothèse est parfaitement rationnelle. Les personnes qui ont un peu l'expérience de ces régions ne l'ignorent pas. Elles savent avec quelle facilité les indigènes parcourent rapidement d'énormes distances pour echanger leurs denrées contre des objets qu'ils convoitent ou dont ils ont besoin.

Les gouvernements qui se sont mis d'accord pour le blocus de la côte orientale d'Afrique ne l'ignoraient pas non plus. La preuve en est que le 16 novembre 1888, le ministre d'Angleterre à Lisbonne, en communiquant à notre gouvernement la résolution d'établir ce blocus sur la côte de Zanzibar, déclarait que les gouvernements anglais et allemand ne croyaient point cette mesure efficace sans la coopération du Portugal et sans que le littoral de Moçambique ne fût également soumis au blocus en ce qui concernait l'exportation d'esclaves et l'importation d'armes et de munitions de guerre, dont les arabes esclavagistes s'approvisionnent pour leurs razzias dans l'intérieur du pays.

Le gouvernement portugais accéda. Par décret du 6 Décembre, il fit bloquer la côte portugaise jusqu'au district de Lourenço Marques, et interdit l'introduction de n'importe quelles munitions de guerre dans les districts de Cabo Delgado, Moçambique, Angoche, Quilimane, Sofala e Inhambane.

Singulière coïncidence!

Au moment même où grand nombre de *regulos*, nos amis nos vassaux, dans la région de Nyassa (Nhassa), se plaignaient de manquer d'armes et de munitions pour leur propre défense et pour les besoins de leur vie ordinaire, tandis que des aventuriers et des intrigants anglais cherchaient à leur faire croire que nous leur refusions ces armes dans le but de les affaiblir et de les dépouiller (faits dont nous avons les preuves écrites au siège de notre Société), à ce moment, disons-nous, le Lobengula, dont le territoire est au nord du parallèle d'Inhambane recevait un équipement formidable qu'il pouvait offrir aux trafiquants d'esclaves, et qui, dans tous les cas, était destiné à soumettre et à réduire opportunément en servitude les pacifiques et industrieux Mashonas.

Si la livraison d'armes perfectionnées à un chef avide et barbare, habitué à pratiquer l'horrible commerce de la traite, avait été faite sans l'intervention et la connaissance d'un fonctionnaire anglais, haut placé, il y aurait tout-au-plus à regretter la négligence du contrôle des autorités britanniques, l'aveuglement et l'égoïsme d'une spéculation mercantile contraire à tous les droits. Mais, étant établi et démontré que l'autorité supérieure d'un pays qui s'honore de travailler pour la cause de l'humanité et de la civilisation en Afrique, est intervenue dans la fourniture de ces engins de guerre et l'a consentie, le fait alors revêt un caractère des

plus graves et ne peut moins de produire la plus douloureu-
se surprise, les plus tristes et navrantes appréhensions.

Tel est le sentiment de protestation respectueux, mais
ferme et sincère, que la Société de Géographie de Lisbonne,
humble et loyale travailleuse de la sainte cause de la civilisation africaine, a l'honneur de soumettre à la haute et pa-
triotique considération du Gouvernement portugais, en la
perso...e de V. Excellence.

Veuillez agréer, monsieur le ministre, l'assurance de la
haute considération de la Société de Géographie.

Lisbonne, le 21 novembre 1889.

A Son Excellence Monsieur le Ministre de la Marine et
des Colonies.

(S. S.)

POUR LA DIRECTION

LES DIRECTEURS:

Francisco Maria da Cunha, *président.*
Joaquim José Machado, *vice-président.*
João Verissimo Mendes Guerreiro, *vice-président.*
Frederico Augusto Oom, *vice président.*
Fernando d'Almeida Pedroso, *vice-président.*
José Francisco Palermo da Fonseca Faria, *secrétaire pour
l'année.*
Rodrigo Affonso Pequito.
J. B. Ferreira d'Almeida.
Ernesto J. Carvalho e Vasconcellos.
Luciano Cordeiro, *secrétaire perpétuel.*